Agustín Moreto y Cabaña

Teatro de cámara

Barcelona **2024**
Linkgua-ediciones.com

Créditos

Título original: Teatro de cámara.

© 2024, Red ediciones S.L.

e-mail: info@linkgua.com

Diseño de cubierta: Michel Mallard.

ISBN rústica: 978-84-9816-544-9.
ISBN ebook: 978-84-9897-824-7.

Cualquier forma de reproducción, distribución, comunicación pública o transformación de esta obra solo puede ser realizada con la autorización de sus titulares, salvo excepción prevista por la ley. Diríjase a CEDRO (Centro Español de Derechos Reprográficos, www.cedro.org) si necesita fotocopiar, escanear o hacer copias digitales de algún fragmento de esta obra.

Sumario

Créditos _____ **4**

Brevísima presentación _____ **7**
   La vida _____ 7

Personajes _____ **8**

Baile de la chillona _____ **9**

Personajes _____ **16**

Baile de la zalamandrana hermana _____ **17**

Personajes _____ **22**

Entremés famoso de la perendeca _____ **23**

Personajes _____ **40**

Entremés famoso del poeta _____ **41**

Personajes _____ **52**

Loa entremesada para la compañía del pupilo _____ **53**

Libros a la carta _____ **73**

Brevísima presentación

La vida

Agustín Moreto y Cabaña. (Madrid, 1618-Toledo, 1669). España.
Sus padres eran italianos. Fue capellán del arzobispo de Toledo y tuvo una vida tranquila. Alcanzó una notable popularidad en los siglos XVII y XVIII. Escribió comedias de carácter religioso, tradición histórica y costumbres. La edición completa de sus obras se publicó en tres partes en los años 1654, 1676 y 1681.

Personajes

Añasco
La Bolichera
La Chillona
La Chispa
Juana

Baile de la chillona

(Salen la Chillona y Añasco.)

Añasco		Vuélveme a dar esos brazos
		Chillona, a quien la Rubilla
		por otro nombre llamaron
		los de la Jacarandina.
		Doyte el parabién mil veces
		de tu buen suceso, y fía
		que de la galera sales,
		¡a Dios gracias! buena y limpia,
		tanto, que para Ocasión
		has quedado tan raída
(Cantando.)		que no te asirá de un pelo
		el oficial de la villa.
Chillona		Como te dejé en la cárcel,
		y a la primera visita,
		Añasco, te desahuciaron;
		juzgué, en buena hora lo diga,
		que ya la plaza ocupabas,
		racimo de las tres vigas:
(Canta.)		desván de los sombrereros,
		de viejo y panadería.
Añasco		Del príncipe el nacimiento
		me indultó, que por mi vida
		ya no daba un cohombro,
		y, aunque, fuera tan bien vista
		mi muerte, y quedaba airoso,
(Canta.)		dime, ¿no fuera ignominia,
		que se ahorcara un hombre, porque

	nazca un príncipe en Castilla?
Chillona	Alíviense tus trabajos
pues que los míos se alivian,
reparemos las personas,
y, compadre, por las vidas
mía y suya, que excusemos,
que canten por las esquinas.

(Salen la Chispa y la Bolichera cantando, y Juana. Han de cantar las dos estos versos.)

| Las dos | «A la Chillona se queja
Añasco de sus desdichas.» |
|---|---|
| Chillona | ¿Qué es esto? |
| Juana | Llegan a verte
las tres de la airada vida. |
| Juana | La Chispa. |
| Bolichera | La Bolichera. |
| Juana | Y Juana, la Golondrina,
que soy yo, por quien cantaron
en aquella jacarilla: |

(Cantan.)

| Las tres | «Con el mulato de Andújar
sollozando está Juanilla.» |
|---|---|
| Juana | ¡Qué fuera de la galera |

	te veo!
Chillona	¡Ay mi querida! esa frase de galera múdame en la galería, y dándola este rebozo, como de disculpa sirva, será dorar mi galera, porque en estrados no digan:
(Canta.)	En la galera otra vuelta rapada está la Rubilla.
Juana	Con todo, sales hermosa y buena, ¡Dios te bendiga!
Chillona	Yo siempre he sido una araña, pero es tal la suerte mía
(Canta.)	que aunque esté desaliñada, estoy siempre bien prendida. No correspondió la sala conmigo como debía.
Añasco	Sala sin correspondencias, no es buena [para] visitas.
(Cantan.)	
Chillona	«Sin ser tambor, la baqueta me hizo doscientas...»
Juana	Vejigas!

Chillona   Y el privilegio sellado
                traigo en las espaldas.

Bolichera   ¡Chispas!

(Canta.)

Chillona   «¡Ay, quedito, que duele
                quedito que duele!
                eso es darme con ella
                el golpe de muerte.»

(Representando.)   El pelo me lo rifaron
                entre cuatro, y fue la risa,
                juego de rápalo-todo
                y lleváronselo...

Añasco   ¡Avispas!

(Canta.)

Chillona   «¡Ay, quedito, que duele,
                quedito que duele!
                Eso es darme con ella
                y el golpe de muerte.»

(Representado.)   Porque mi castigo vean,
                que fue un rigor de justicia,
                para disculpar mis causas,
                pues las sabéis, referidlas.

(Canta.)

Juana   «Del Argel de un miserable,

	cien doblones sacó.»
Chillona	Digan:
	¿No es el redimir cautivos
	una de las obras pías?

(Canta.)

Juana	«A un pastelero, la mosca
	le quitó.»

Chillona	Esta causa es limpia,
	porque no parece bien
	la mosca en pastelerías.

(Canta.)

Bolichera	«A una pastelera boba,
	pescó cuatro sortijillas.»

Chillona	Pescando a la pastelera
	no fue mala bobería.

(Cantan.)

Añasco	«A un letrado, una presea
	su buen parecer tenía.»

Chillona	«Si tomé su parecer
	¿de qué el letrado se indigna?»

Los dos	«La sala lo ha castigado
	por aquesta florecilla.»

Chillona	Y deja con tantas flores
Añasco	¡Andújar!
Chillona	¿Qué dice?
Juana	Andújar
Chillona	¿Qué manda? Vaya de gira, y fiesta que todo es chanza. Por lo Hurtado, Señores, soy buena hidalga.
Añasco	Doscientos lo pregonan a tus espaldas.
Juana	¡Andújar!
Chillona	¿Qué dice?
Bolichera	¡Andújar!
Chillona	¿Qué manda?
Todos	Vaya de gira y fiesta que todo es chanza
Chillona	De la galera, limpia salió mi fama; sacudiéronla el polvo, que la entrapaba.
Añasco	¡Andújar!

Chillona	¿Qué dice?
Juana	¡Andújar!
Chillona	¿Qué manda?
Todos	Qué demos fin al baile que todo es chanza.

Fin del baile

Personajes

Bernarda
Teresa
Toribio
Uno

Baile de la zalamandrana hermana

(Salen Bernarda y Teresa llorando.)

Bernarda　　　　　　¿De qué lloras? Di ¿qué tienes?
　　　　　　　　　　Dime tus penas, acaba.

Teresa　　　　　　　Es que me ha dado Toribio
　　　　　　　　　　una pisa de patadas.

Bernarda　　　　　　No faltará quien le corte
　　　　　　　　　　lo mismo con que te daba,
　　　　　　　　　　que yo sé que antes de un hora
　　　　　　　　　　vuelva las manos cruzadas.

Teresa　　　　　　　Él sin duda me ha pegado
　　　　　　　　　　porque me vio despegada.

Bernarda　　　　　　Al paso que él es pesado
　　　　　　　　　　has dado tú en ser liviana.

Teresa　　　　　　　Medio ojo me ha llevado
　　　　　　　　　　de un puntapié.

Bernarda　　　　　　　　　　　　Ésa es gala,
　　　　　　　　　　que un golpe parece bien
　　　　　　　　　　cuando lleva una pestaña

(Sale Toribio.)

Toribio　　　　　　　Acábense estas pendencias
　　　　　　　　　　y cree por tu vida, hermana,
　　　　　　　　　　que estos disgustos el diablo
　　　　　　　　　　de entre los pies los levanta.

Teresa	¿Para qué me vuelve aquí? ¿No me dejará en mi casa? ¿Esto ha de ser cada día?
Toribio	¿Busca usted que a gaznatadas le haga Sandoval el rostro si Rojas le hizo granada?
Bernarda	A fe que entras dadivoso.
Teresa	¿Qué dices de esto, Bernarda?
Bernarda	Lo que yo decirte puedo cantando y bailando vaya:
(Canta.)	«El galán que pega, amiga, antes obliga que agravia y el rato que abofetea trae una mujer en palmas.»
(Cruzados.)	Sin razón estás quejosa, porque hay muy grande distancia del hombre que nos da en rostro, al hombre que nos da en cara.
(Bandas.)	
Bernarda	¿Cómo no paga, soldado, el amor de esta cuitada?
Toribio	En amores, ni en comedias, nunca los soldados pagan.

(Deshechas.)	En lo que la escucho, reina, me parece graduada en los términos y modos del colegio de las marcas.
Bernarda	Sí, lo estoy, y a buen seguro que nunca usted se burlara, ni me dijera evangelios la mano sobre mi cara.
(Eses.)	¡Basta! Esto ha de ser, Toribio, dale la mano, y repara que son riñas veniales las que con golpes se acaban.
Teresa	¡No ha de ser mientras viviere!
Toribio	Pues ¡por vida de...!
Teresa	¡Ay Bernarda!
Bernarda	¿Qué es esto? ¡Tente Toribio!
Toribio	Pues ¿conmigo...?
Bernarda	¡Basta, basta!
Toribio	¿Qué ha de bastar? ¡Qué por Cristo! que si me atufa y me cansa, la haga escupir los livianos.
Uno	¿Para qué es tanta fanfarria cuando se hallan de por medio tantas personas honradas?

Bernarda	Pues esto se va encendiendo. Apáguenlo las guitarras. ¡A la Zalamandrana hermana! ¡ay, ay, ay, de la Zalamandrana!
(Bajar.)	Por tu vida amiga mía, que no seas temeraria.
Teresa	No sabe usted lo que paso, ni del modo que me trata; no me da ni un alfiler, ni entra por aquesta casa cosa que de comer sea, sino coz y bofetada, ni vestido, ni calzado ni salario a una criada.
Bernarda	Pues si solo te da golpes y te tiene aquesa cara negra a puros cardenales, ello es cosa desdichada que entre tanta gente negra no haya siquiera una blanca ¡A la Zalamandrana hermana! ¡ay, ay, ay, de la Zalamandrana! Cierto que usted es terrible, y que tiene a esta cuitada que es vergüenza.
Toribio	Usted no sabe lo que cada uno pasa.
Bernarda	En tocando en interés

	no hay disculpa.
Toribio	Es ignorancia. ¿Húbela acaso doncella, que la he de dejar dotada?
Bernarda	¡Y a la Zalamandrana hermana! ¡Y ay, ay, ay, de la Zalamandrana!
Bernarda	Háganse estas amistades.
Toribio	Aquesta es mi mano.
Bernarda	Daca ¿y la tuya?
Teresa	Aquésta es.
Bernarda	Aquí paz y después gracia.
Toribio	Aquésa no tendrá el baile.
Bernarda	Pues, Toribio, si no agrada, ¡a la Zalamandrana hermana! ¡y ay, ay, ay, de la Zalamandrana!

Fin del baile

Personajes

Perendeca
Calderero
Su amo, el Vejete
Esportillero
María
Barbero
Convidado

Entremés famoso de la perendeca

(Sale huyendo Esportillero y Calderero tirándole del brazo.)

Esportillero   No le tengo de oír, ¿qué me porfía?

Calderero   Pues tanto hará de oírme todo un día.

Esportillero   ¿Un día? ¡Barrabás que fuera oyente!

Calderero   Pues oígame seis horas solamente.

Esportillero   Tal tentación de hablar, yo no la he visto.

Calderero   Una hora me ha de oír, ¡jurado a Cristo!

Esportillero   Suelte.

Calderero   No hay orden.

Esportillero   Hablador notable.

Calderero   Déjeme despedir.

Esportillero   Ni aun eso me hable.

(Suéltase, y vase.)

Calderero   Pues esportillerito calvatrueno,
                   vete con Bercebú a llevar lo ajeno,
                   que para hablar una semana entera,
                   bástame por oyente mi montera.

(Echa la montera y siéntase junto a ella.)

Yo soy un hombre, hermano monterilla,
el mayor hablador que hay en Castilla;
y aprendí a calderero
por hablar con las manos y el caldero,
cuando voy, sin que nadie me replique,
haciendo por la calle el triquetrique.
Estoy enamorado, estoy perdido,
más bien correspondido,
que mi moza que en nada se entremete
no habla más de con otros seis o siete;
yo soy el uno, el otro es un barbero,
el otro este corito esportillero,
que por ella se endiabla;
uno sirve, otro tañe, otro habla,
ninguno la regala,
y a todos nos envía noramala.
Ella sirve a un vejete engerto en zorra,
entre sombrero y gorra;
sombrero en los bateos, que hay confites
para aparar, y gorra en los convites.
Yo he hablado sin que nadie me lo vede,
vuesasté no replique, que no puede;
vamos que ésta es mi historia verdadera,
para el paso en que estoy, que es de montera.

(Salen cantando en tono de jácara María y Perendeca con sus mantellinas. El Esportillero con la ropa acuestas y el Barbero también con ella rebozado. Canta.)

María   «Mal haya la vida mía,
                si te envidio, Perendeca,
                cuando veo que a tu miel
                tantas moscas se le pegan,

         porque son como barquillos
         los mocitos sin hacienda,
         que entretienen y no hartan
         y al primer toque se quiebran.»

(Al Barbero.)

Perendeca   ¿Qué me quieres, Barberito
         que todas somos barberas?
         Pues de la vena del arca
         sangramos por excelencia.
         En no dejándoles sangre,
         pedimos aprisa venda,
         venda, venda, y si no vende,
         picamos en otra vena.
         De los galancetes ninfos,
         que con nosotras se afeitan,
         sus bolsas son las bacías,
         las navajas nuestras lenguas.

(Al Esportillero.)   Tú sabes también que tengo
         un poco de esportillera,
         pues llevo un recado ajeno
         por dos cuartos hasta Armenia.

(Al Calderero.)   Quédate, Caldererillo,
         que es decirme que te quiera
         machacar en hierro frío.
         Y tú, Marica, te queda,
         que ésta es mi posada, y temo
         que si a venir mi amo acierta,
         como a ratones con queso,
         a todos nos coja en ella.

Barbero   Yo no me tengo de ir
         hasta que me favorezcas,

	que basta que por tu causa
ha un mes que no veo mi tienda.
Esportillero	¡Hase de ir que solo yo
me quedo con Perendeca!
Calderero	¿Qué es eso, pícaro? Él es
el primero que ha de ir fuera.
Perendeca	Hombres que me destruís,
idos, antes que anochezca,
que vendrá mi viejo.
(Dentro.)	
Vejete	¡Hola!
Perendeca	Con todo dimos en tierra.
Él me mata si te ve,
porque tengo orden expresa
que no me junte contigo.
Calderero	Bueno, y acá somos bestias.
Vejete	¡Abre aquí, diablo!
Perendeca	Ahora bien;
póngase aquesta caldera,
y con estos tres martillos
vuestastedes den en ella
como en el real de enemigo.
Barbero	¡Linda invención!

Calderero	Sí, es tan buena; póngase vuested aquí.

(Pónese de rodillas Calderero con la caldera metida en la cabeza, y Barbero, Esportillero y María con los martillos alzados, los brazos de figuras, y sale el Vejete.)

Barbero	Guarda la gamba.
Calderero	Aquí entra justicia, y no por mi casa.
Vejete	¿Dónde estabas, mala hembra?
Perendeca	Con este ruido no oía.
Vejete	Pues, ¿qué figuras son éstas?
Perendeca	Como ha dos días no más, que parió la calderera; por el ruido, el obrador ha enviado acá estas mesmas, en levantando este muelle...
Calderero	¡Molidas las carnes tengas!
Perendeca	...trabajan como personas.
Calderero	¡Mal trabajo por ti venga!
Vejete	Veámoslo.
Perendeca	Da un pellizco debajo de la caldera.

(Dale un pellizco el Vejete a Calderero, vase a levantar y dale con la caldera en la cara.)

Calderero   ¡Ay, mi brazo!

Vejete   ¡Ay, mis narices!

Perendeca   Si tú te llegas tan cerca...

(Dan todos tres sobre la caldera al son que hacen los herreros.)

Vejete   ¡Hay tal ruido! Hazlos callar;
                       y tú, ponte a asar la cena,
                       que hay un convidado, y este
                       quebradero de cabeza
                       al herrero que echa chispas.
                       Presto que ya doy la vuelta.

(Vase el Vejete.)

Calderero   ¡Es muy mal hecho pegar
                       como si fuera de veras!

(Riñen por encima de la cabeza de Calderero, que aún ha de tener puesta la caldera, y ellos los martillos con que dan en ella.)

Barbero   Mas mal hecho es engerirse
                       donde le quieran por fuerza.

Esportillero   Y el mondanísperos, diga:
                       ¿quién le quiere, o quién le ruega?

Barbero   Pues tú a mí, don Esportilla.

Esportillero	Pues tú a mí, doña Lanceta.
Calderero	¡Riñan allá, valga el diablo, los vulcanos de la lengua!
María	Yo me voy, amiga.

(Llama el Vejete.)

Vejete	¡Moza!
Perendeca	Ya vuelve. ¡Hémosla hecho buena! Que sin querer yo a ninguno en estos ruidos me metan.
Vejete	¡Abre aquí, picaronaza!
Perendeca	Entre, y véalos.
Todos	¡Clemencia, ten lástima de nosotros!
Perendeca	Ahora bien, pónganse apriesa todos a gatas; y el uno, zámpese por la cabeza aquesta media tinaja.

(Pónense Barbero y Esportillero a gatas, una tabla atravesada encima, y en ella sentado Calderero, con media tinaja dentro la cabeza, y un barreño de ceniza a los pies.)

Calderero	Pues... ¿qué he de ser?

Perendeca	Chimenea.
Vejete	Diablo, ¿dónde estás?
Perendeca	Ya voy.
Calderero	¡Alto! De esta vez, me queman.
Vejete	¿Hay tal esperar? ¿Qué hacías?
Perendeca	Quería aliñar la cena...
Vejete	¿Qué aún no la tienes asada? ¿Acá estáis vos, buena pieza?
María	Con licencia de vuested.
Vejete	Vos os tomáis la licencia, dad acá; yo lo asaré mientras vais por vino. ¡Apriesa! y tú, sopla.
María	Que me place.

(Pónese a asar el Vejete e hinca el asador en las tripas de Calderero. María sopla, y llena las caras de ceniza a los tres.)

Calderero	¿Soy cecina, que me humean?

(Canta.)

María	«Los morillos, ¿qué dicen de aqueste soplo?»
Esportillero	¡Que Miércoles de Ceniza se ha vuelto el Corpus

(Saca la cabeza por la tinaja muy tiznada.)

María   ¿Qué dijera, si hablara la chimenea?

Calderero   ¡Qué está buena su madre y humazos la echan!

Vejete   ¡Valga el diablo la pared
                 que un agujero no tenga
                 en que entrar el asador!
                 Pues yo se le haré por fuerza.
                 Oigan; ¡qué rebelde está!

Calderero   ¡Dios mío, que me barrenan
                 pensando que yo soy capón!
                 Quiero espantarle con tierra.

(Échale tierra.)

Vejete   ¡Jesús, qué se cae la casa!

María   Es la chimenea vieja,
                 y cayóse algún terrón.

Vejete   Míralo; toma esa vela.

(Entra Perendeca con un jarro de vino al tiempo que prende unas estopas que han de estar en la boca de la tinaja.)

Perendeca   Aquí está el vino, señor.

María   ¡Ay, Dios!

Vejete   ¡Fuego, que se queman

	la chimenea y la casa!
Perendeca	¡Agua!
María	¡Fuego!
Vejete	¡Agua, y apriesa!
Perendeca	Echa por este cañón.

(Echan jarros de agua por la boca de la tinaja.)

Calderero	¡Que me mojan!
Esportillero	¡Que me tuestan!
Barbero	¡Que me cuecen!
Calderero	¡Que me asan!
Esportillero	¡Que soy sopa!
Barbero	¡Que soy yesca!
Vejete	Aplacóse todo. ¿Es algo?
Calderero	Más de lo que yo quisiera.
Perendeca	Que no fue nada, señor.
Calderero	¡Mientes como mala hembra!
Perendeca	¡Plega a Dios que venga ya el convidado!

Calderero	De piedra, para alegrarte los cascos.
Vejete	Oyes, ten puesta la mesa mientras le voy a llamar.
(Vase.)	
Perendeca	De muy buena gana.
Vejete	Cierra.
Calderero	Esto ha sido gran traición.
Barbero	Esto ha sido grande afrenta.
Esportillero	Esto ha sido gran dolor.
Perendeca	Díjeles yo que me vieran, miren cuál están los pobres.
(Ríese.)	
Calderero	¿De qué te ríes, esenta?
Perendeca	Ahora bien; váyanse al punto, no aguarden a la tercera.
Calderero	¡Bercebú que tal aguarde!
Esportillero	¡Judas, que en tal se pusiera!
Barbero	¡Caifás, que tal intentara!

Todos	Vamos.

(Hacen que se van y llama el viejo.)

Vejete	Abre, Perendeca.
Calderero	¡Válgate el diablo por viejo, y qué listo que andas!
Perendeca	Tengan, que ya he empezado y por libres los tengo de dar.
Calderero	¡Carena!

(Hacen todo lo que van diciendo. Al Barbero y Esportillero.)

Perendeca	Pónganse ellos dos de bancos.

(A María y al Calderero.)

> Ponles tú estas dos carpetas,
> yo le pondré estos manteles
> a él, que ha de ser la mesa.

Vejete	¡Muchacha que hace sereno, ábreme!
Calderero	Por medio sea.
Barbero y Esportillero	Señora mesa, ¡chitón!

Calderero	Señores bancos, ¡Paciencia!

(Sale el Vejete y el Convidado, que es otro vejete.)

Vejete	Si no fuera por el huésped, ¡relamida yo os hiciera!
Perendeca	¿Piensa vuested que podemos acudir con tal presteza de la cocina a la sala y de la sala a la puerta?
Convidado	No haya más, por vida mía.
Vejete	Traed la cena.
Calderero	La postrera.

(Siéntanse en los bancos; ha de haber en la mesa unos panecillos y candelero con luz. A María.)

Vejete	Y tú, pues aún no te has ido, cántanos alguna letra.
Barbero	¡Cuerpo de Dios, cómo pisa!
Esportillero	¡Cuerpo de Dios, cómo pesa!

(Canta.)

María	«Sacóme de la prisión...»
Calderero	A mí me ha metido en ella.

(Canta.)

María «...el rey Almanzor un día.
Sentarme a la su mesa,
hízome gran cortesía.»

Esportillero Del mal, no tanto; comamos.

(Alza la mano Esportillero, y quítale el bocado de la boca al Convidado.)

Convidado ¡Zape! ¡De la mano mesma
me le quitó!

Vejete ¿Qué?

Convidado El bocado.

Vejete ¿Quién?

Convidado El gato.

Vejete ¡Buena es esa;
no hay gato en toda la casa!
Echa vino, Perendeca;
déjalo ahí.

Convidado Buen color,
¿de dónde es?

Perendeca De la taberna.

Barbero Adonde quiera que fueres
haz como vieres.

(Echa vino, pónenlo en la mesa, alcánzalo Barbero y bébeselo y vuelve a poner el vaso donde estaba.)

Calderero   ¡Qué sea
en todo tan desgraciado,
que comer ni beber pueda!
Pero ¿éste no es el jarro?

(Bébese el jarro el Calderero y lo vuelve a su sitio. Toma el jarro el Vejete.)

Vejete   Brindis, mas ¿qué es esto? ¡Espera!
¿Y el vino?

Perendeca   Ya lo bebiste.

Vejete   ¿Yo? ¿Qué dices?

Convidado   Treta vieja.
Echad otra, y acabemos.

Vejete   No me acuerdo, pero echa.

(Hace que echa vino.)

Perendeca   No hay vino, señor.

Convidado   ¿No?

Vejete   Pues,
es ésta la vez primera
que bebemos, y ¿no hay vino?

Calderero   Habrá seis horas que cenan.

Esportillero	¿Es cena de carpinteros?
Barbero	¿Es cena, y comida es ésta?
Convidado	Compadre el duende es vinoso.
Vejete	En nada que hacer aciertas, ¿qué plato es éste?

(Es un plato medio quebrado.)

Perendeca	No hay otro.
Calderero	¿Mas que me da en la cabeza con él?
Vejete	¡Valga el diablo el plato!

(Quiébrasele en la cabeza, y caen los cascos en el suelo.)

Calderero	¡Ay, qué he salido profeta!
Vejete	¡Qué me sumo!
Convidado	¡Qué me hundo!
Calderero	¡Sumidos y hundidos mueran!
Vejete	Oigan. ¿Esto tengo en casa? ¿Quién sois?
Calderero	Señor, una mesa de garito, donde dan golpes de todas maneras.

Convidado	Y vosotros, bergantones, ¿quién sois?
Esportillero	Dos bancos que quiebran.
Barbero	Dos asientos sin fianzas
Vejete	Atad ése a su cabeza, que yo ataré éste a los pies.

(Atan al Calderero por los pies, y con el mismo cordel al Esportillero por la cintura, y luego al Calderero por debajo de los brazos; y al Barbero con el mismo cordel de la cintura, y en dando al Esportillero con un matapecados huye, y arrastra al Calderero, y lo mismo sucede el con Barbero. Los que aporrean son los dos viejos.)

Calderero	¿Soy cama, que me encordelan?
Barbero	¡A huir, que anda la paliza!
Esportillero	¡A huir, que anda la azotea!
Calderero	¡Ay, que no creí a mi madre que dijo: «Arrastrado mueras»!
Barbero	¡Quedito, que me acribillan!
Esportillero	¡Quedito, que me derriengan!
Calderero	Escarmentad, ojitiernos, que arrastran por perendecas.

Fin del entremés

Personajes

El Poeta, estudiante gracioso
Un Amigo
Cuatro comediantes

Entremés famoso del poeta

(Sale el Poeta gracioso, de estudiante, y un Amigo con él.)

Amigo	¿Para qué te has vestido de esta suerte,
	medio estudiante y medio caminante?
Poeta	Poeta quiero ser por lo estudiante
	y por lo caminante forastero,
	y, con entrambas cosas, hacer quiero
	a toda esta famosa compañía,
	una burla que sea la más famosa.
Amigo	Mucho tu loco ingenio se confía,
	que esta gente es sutil y artificiosa.
	Lo más que representan son engaños,
	con que avisan al mundo de los daños,
	que vienen a los hijos por los padres.
	La honrada vigilancia de las madres,
	la vela de balcones y ventanas,
	que muchas por su olvido son livianas,
	enseñan a guardarse los señores
	de lisonjeros, falsos y traidores;
	al marido discreto del amigo;
	y al que alguno ofendió, de su enemigo.
	Finalmente es un libro la comedia
	que el pueblo tiene abierto cada día,
	a donde ve con gusto y alegría
	los ejemplos más varios e importantes.
	¿Y quieres engañar representantes?
Poeta	¡Vete pues que estoy determinado!
(Vase el Amigo.)	¡Ah de casa!

Comediante I	¿Quién es?

(Salen todos los comediantes.)

Poeta	Un licenciado
Comediante I	¿Qué manda vuesanced?
Poeta	Yo soy poeta y busco al Seor autor.
Comediante I	A tiempo viene, que nos junta el ensayo.
Comediante II	Talle tiene de valiente ingeniazo.
Poeta	¡Aún no lo sabe! Yo soy el que inventó lo culto y grave.
Comediante II	¿Traerá vuestra merced comedia alguna?
Poeta	¡Nunca yo suelo comenzar por una! Desde hoy no tiene que buscar poetas, comedias, entremeses, chanzonetas, bailes, loas de entrada, autos divinos, palenques, tramoyones, desatinos, bailes, transformaciones, turcos, moros, ni letras para el órgano a seis coros. Vuelos para llegar a los tejados, son vuelos de maromas de cuitados. Un vuelo llamo yo a la angarela con que va una mujer a la Rochela y vuelve por la Mancha hasta Getafe

	con solo un aldabón que la engarrafe.
	Y sin que en todo el auditorio sea
	vista de nayde pára en Zalamea,
	y desde el campanario a la Mámora
	y remata en los muros de Zamora.
Comediante II	¡Bravo vuelo!
Comediante III	¡Espantoso!
Comediante II	¡Cuál era ese volar maravilloso
	para traer de México la plata
	segura a España del inglés pirata!
	¿Vuestra Merced a hecho alguna cosa
	que haya llegado a verse en el teatro?
Poeta	A Avendaño en Sevilla di cuatro:
	La Zacateca fue maravillosa,
	pues solo levantándose un tabique
	entraban dos mil indios y un cacique.
Comediante II	¡Bravo día tenemos!
Comediante III	¿La segunda?
Poeta	La segunda llaméla Barahúnda:
	era del arca de Noé y entraban
	todos los animales que formaban
	un ruido notable.
Comediante III	¡Lindo loco!
Comediante IV	¿La tercera?

Poeta	La tercera llamaba
	Guarda el Coco, [comedia]
	de herechuelo y espada, no de caa.
	Hizo Mari Candado, flor y mapa
	de la comedia, a doña Garullana,
	que con barba entrecana
	disfrazada, buscaba a don Zampoño,
	pastor de las montañas de Logroño.
Comediante II	¡Brava para espada y herreruelo!
Poeta	La cuarta pareció del mismo cielo.
Comediante II	¿Y cómo se llamaba?
Poeta	Por aquí van a Málaga.
Comediante II	¡Qué brava!
Poeta	Hizo Avendaño el taraga.
	Hubo palenque de Sevilla a Málaga,
	y acababa en un Ángel que decía:
	«¡Por aquí van a Málaga, Lucía!»
Comediante II	¡Notable novedad!
Poeta	Aunque hizo Prado
	la Comedia de Adán, siempre ha pensado
	que es toda de su autor, y ha sido yerro,
	porque compuse yo el papel del perro,
	que el poeta la lengua no sabía
Comediante II	¿Habrá alguna cosita de poesía?

Poeta	Para Amarilis hice un romancillo que tardaba diez días en decillo y era todo en esdrújulo. Diréle.
Comediante II	¡Diez días! ¡Antes un barril le vuele!
Poeta	Pues si la brevedad les da contento, oigan un villancico al Nacimiento: «Sopas le daban al niño y no las quiere comer, mas como estaban calientes mamóselas San José.»
Comediante III	¡Cuerpo de tal y que sutil conceto!
Poeta	Pues oigan a «San Juan».
Comediante II	¡Es gran sujeto!
Poeta	«¡Cuál sois vos, San Juan bendito! ¡Cuál sois vos, ¡Cuál sois vos, me ayude Dios!»
Comediante II	¡No vi cosa en mi vida tan aguda! ¿No nos dará algún baile?
Poeta	¿En eso hay duda? Uno tengo, mas no es, aunque es tan fuerte, para día de toldo.
Comediante II	¿De qué suerte?

Poeta	Porque tiene el corral cuatro tejados
en que han de estar diez músicos sentados,
dice el tiple, «¡agua va!». Luego la gente
se ha de apartar.
Comediante II	¿Por qué?
Poeta	Por la corriente.
Solo han de estar abajo apercibidos
y con sus cantimploras prevenidos
los que venden el agua a los tablados,
pues con solo pasar por los tejados
toma color el agua de canela.
Comediante II	¿Sabe la letra?
Poeta	Sí.
Comediante II	Diga.
Poeta	Direla.

«¡Agua va! Se va ¿Quién va?
El Amor. ¡Mal fuego le abrase!
Pase, pase o si no se mojará.
¡Con el ay ay ay guiriguirigay!
Que no puede ser, que sí puede ser,
que de rama en rama,
saltaba la dama.
¡Ay! Quebrósele un pie, San Bartolomé.
Dame la mano y saltaré,
por aquí, por allí.
¡Calla bobo que no es para ti!»

Comediante II	¡Excelente por diez! Póngase luego. ¿Mas no tiene comedia?
Poeta	Si despliego la alforja, sacarele una comedia, con que cobrando fama se remedia porque ha de estar debajo de una escalera, aunque ha de ser trabajo siete años.
Comediante II	¡Siete! No me lo aconsejo.
Poeta	Pues, ¿no ve que ha de hacer a San Alejo?
Comediante II	Quisiera yo comedia de un valiente que acude a las historias mucha gente.
Poeta	¿De un valiente? Quedito: La Hercúlea: donde Hércules se quema.
Comediante II	¡No lo crea! ¿Entremés no hay alguno?
Poeta	Uno extremado, de Un hombre a quien la bolsa le han quitado.
Comediante II	Entremés de ladrones no le quiero. ¡Hola!
Comediante I	¿Señor?
Comediante II	¡Traed un repostero! Y galaremos al Señor Poeta.

Poeta   ¡Vive Dios, pícaros, que les meta
         ésta por las barrigas!

(El poeta saca la espada y les amenaza a todos. Gritos y caos. Vase el Poeta.)

Comediante II   ¡Suelta el perro!
                ¡Cierra la puerta de la calle!

Comediante I   ¡Cierro!

(Vase.)

Comediante III   ¡Allá va como un perro con vejigas!

Comediante IV   ¡Qué airado amenazó nuestras barrigas!

Comediante II   Esto del entremés me da cuidado,
                 del Hombre a quien la bolsa le han sacado
                 ¡por vida de quien soy! ¡qué me decía
                 verdad, y qué la bolsa era la mía!

Comediante III   ¡Qué sea vuesanced tan descuidado!
                 yo tengo con la mía más cuidado.
                 ¡Vive Dios que la lleva como esotra!

Comediante II   ¡Oh! ¡Qué donaire! Miraré la mía,
                 pero estaba muy honda, no podía.
                 ¡Mas vive Dios que suya fue la gloria!
                 Llevósela también.

Comediante III   ¡Notable historia!

(Sale Comediante I.)

Comediante I ¡Ah, Señor! ¡Ah, señor! El estudiante
al pasar por la sala de un balance
se llevó los manteles y el salero
y como un potro se escapó ligero.

Comediante II ¡Eso no, vive Dios! Dame la espada

Comediante III ¡Vamos todos tras él!

Comediante IV ¡Burla extremada!

(Sale el estudiante Poeta con la espada desenvainada.)

Poeta ¡Quedo! ¡Todo hombre se tenga!
Y no pasen adelante.

Comediante II ¡Éste es el ladrón, tenelde!

Poeta ¡Ningún cristiano me agarre!
sino préstenme silencio,
diré mi papel.

Comediante II ¡Dejalde!

Poeta Yo soy, auditorio ilustre,
aquel sutil estudiante,
más famoso por las burlas
que por las Indias el Draque,
hice burlas a mujeres,
a porteros de la cárcel,

49

                    escribanos, alguaciles,
                    monos bermejos y sastres,
                    y, lo que es más imposible,
                    a un procurador de frailes.
                    Solamente me faltaba
                    engañar representantes
                    para ponerme el laurel.
                    Que como los tales hacen
                    tantas y tan grandes burlas,
                    fue la victoria tan grande
                    que de justicia le pido,
                    volviendo el matalotaje,
                    de faltriqueras y mesa,
                    porque no hay desde aquí a Flandes
                    hidalgo más principal,
                    io juro a Dios de vengarme
                    con otra burla tan fuerte
                    que les cueste hacienda y sangre!
                    Por eso dadme el laurel,
                    magníficos personajes,
                    así las entradas sean
                    de seiscientos adelante.

Comediante II   ¡Vítor! ¡Revítor mil veces!
                   Que ha andado Pedro galante.

Poeta   Por celebrar la burla
                   remátese con un baile.
                   ¡Guárdese de mis burlas todo viviente,
                   que en mis lazos los pesco, como en mis redes!

Comediante II   Si ya le han dado el lauro, diga ¿qué quiere?

Poeta   ¡Qué con fiestas y gustos hoy se celebre!

Fin del entremés

Personajes

Francisca Verdugo
Pupilo
Jerónima de Olmedo
Juan González
Isabel de Gálvez
Escamilla
Manuela Escamilla
Villalba
Música
Juan de la Calle

Loa entremesada para la compañía del pupilo

(Salen el Pupilo y Manuela Escamilla.)

Manuela ¡Deténgase, por Dios!

Pupilo Pierdo el sentido.
¿A quién esta desgracia ha sucedido?
¡Vive Dios!

Manuela ¡Bueno está, por vida mía!

Pupilo ¡Qué cuando con mi pobre compañía,
vengo a Madrid ufano,
a recibir mil honras de su mano,
me suceda este azar!

Manuela Diga ¿qué ha sido?

Pupilo Loco estoy, ciego estoy, estoy corrido.

Manuela Sepa la causa pues.

Pupilo No sé decilla.

Manuela ¿Es por qué le ha faltado Malaguilla,
que por estar el arpa algo achacosa,
la primavera la purgó con Rosa?

Pupilo ¡Peor!

Manuela Ya yo adivino su cuidado;
es porque el buen Gaspar nos ha faltado,
que siendo de los tonos el contraste,

	con mil letras de cambio ha dado al traste;
	que está ya que se arruga,
	en un tono que puso hizo esta fuga.

Pupilo ¡Mucho peor!

Manuela Pues, diga ¿en qué topa?
¿Es porque le hace falta Pocarropa?
Que aunque nos ha dejado
ya la pena pago de su pecado,
como es Melocotón, si bien lo advierte,
por poco no te manda.

Pupilo ¿Quién?

Manuela La muerte.

Pupilo Mayor mi pena es.

Manuela Si no me engaño,
de Francisca Verdugo el mal extraño,
le tendrá de esa suerte.

Pupilo Nada de eso.

Manuela ¡El demonio que lo acierte!

Pupilo Lo que me trae absorto, loco y ciego
es ver que, apenas a esta corte llego,
cuando Juan de la Calle y Juan González,
y, en fin, mis compañeros, aunque pocos,
en un ensayo se me han vuelto locos.

Manuela ¿Locos? ¿Qué dice?

Pupilo	¡Oh, pese a mi ventura!
	Con el más raro modo de locura
	que se ha visto jamás, porque Escamilla
	ha dado en que es Maestro de Capilla;
	Juan de la Calle, loco mas profundo,
	que es Felipe Segundo
	y Juan González, que es en todo extraño,
	en que ha se ser autor aqueste año.
	Porque afirma que dice el calendario,
	no mirado lo poco que aprovecha,
	que este año habrá de autores gran cosecha;
	de suerte que los chicos y los grandes,
	los mozos de hato y los apuntadores,
	están rabiando ya por ser autores.
	¡Esto me desespera!
	Y el frenesí ha cundido, de manera
	que hasta el Capón me dijo el otro día
	que ya no puede estar sin compañía.
	Pero Juan González ha llegado.

(Sale Juan González contando por los dedos.)

Manuela	¡Bravo rato tendremos!
Pupilo	¡Extremado!
	Amigo Juan González, ¡bienvenido!
	¿Qué tenéis que venís tan divertido?
	Decidme, ¿no hay más quimeras, más enredos?
Manuela	Hay que viene rezando por los dedos.
González	Primera dama es ésta, lindamente;
	para segunda, estotra es excelente;

	tercera es cosa clara...
Manuela	¡Linda flema! Hombre, éste es dedo y esa dama es yema.
González	...primer galán, segundo...
Pupilo	¿Hay tal porfía?
Manuela	¿Quién habrá, que de verle no se ría?
González	...pequeños son de cuerpo...
Manuela	¡Eso está llano! Que son como los dedos de la mano.
Pupilo	¡González, oíd por vida mía!
González	¡Jesús, que poderosa compañía, vive Dios que hará raya!
Pupilo	¿Hay tal enfado?
Manuela	Oiga, que agora lo verá cantado.
(Canta.)	«Que hará raya no dudo, si le repara en que a su compañía la trae en palmas.»
Pupilo	¿Es posible que deis amigo mío en tan gran desvarío, cuando todos se están riendo?

González	Señor mío de mi alma, yo me entiendo
Pupilo	¿Qué locura es aquesta? ¿Hay tal porfía? Vos, en tan malos tiempos compañía, mirad que es la verdad ésta que os pinto, dejad esta locura.
González	Carlos Quinto, la vanidad te engaña. Ser hoy autor es la mayor hazaña.

(Vase.)

Pupilo	¡Juan González, amigo!
Manuela	Linda traza para volver, dejalde.

(Dentro.)

Voces	¡Plaza, plaza!

(Sale Villalva de alabardero delante y detrás Juan de la Calle.)

Manuela	Otro loco tenemos, ¿hay figura más extraña? Qué paso, qué mesura.
Pupilo	¡Juan de la Calle, amigo!
Manuela	Verle es vicio.
Pupilo	¡Ea! ¡Por Dios, volved en vuestro juicio! Dejad, pues a esos pies estoy postrado, esa locura.

Calle　　　　　　　　　Yo tendré cuidado.

Pupilo　　　　　　　　Tened, por vida mía,
　　　　　　　　　　　lástima de esta pobre compañía,
　　　　　　　　　　　que en vosotros su remedio estriba.

Calle　　　　　　　　　Yo haré que suba la consulta arriba.

(Canta.)

Manuela　　　　　　　«Siempre aquestos papeles
　　　　　　　　　　　le gustan mucho,
　　　　　　　　　　　pues haciendo terceros,
　　　　　　　　　　　hace segundos.»

(Dentro.)

Escamilla　　　　　　 ¡Dejadme entrar!

Manuela　　　　　　　　　　　　Aquéste es Escamilla.

(Sale Escamilla de estudiantón sucio con un bonete grande.)

Escamilla　　　　　　 ¿Quién impide a un Maestro de Capilla,
　　　　　　　　　　　que hace doctos a tantos escolares?
　　　　　　　　　　　Vaya un poco de solfa andares:
　　　　　　　　　　　Sol, fa, mi, re.

Pupilo　　　　　　　　　　　　Donoso majadero.
　　　　　　　　　　　Posible es que aprenda, el buen Romero,
　　　　　　　　　　　solo un punto de solfa; es un neciazo,
　　　　　　　　　　　un idiota, un mastín, un gorronazo.

(Habla en tiple.)　　　 ¡Oye usted, señor mío! Menos quejas,

	mas que le alargo un palmo las orejas.
	Ninguno de nosotros está diestro.

(Habla en tiple.)

Escamilla	Aprendan, noramala, del maestro,
	porque un Sol, fa, mi, re, lindos despachos,
	es cosa que cantan los muchachos.

(Canta.)

                    «En la calle de Atocha
                    vive mi dama,
                    Sol, fa, mi, re.
                    Yo me llamo Bartolo
                    y ella Catania.
                    Sol, fa, mi, re.»

Pupilo	¡Escamilla!
Escamilla	¿Quién es?
Pupilo	¿Hay desvarío semejante? El Pupilo.
Escamilla	Señor mío, si quiere acomodarse, y eso pasa, yo recibo pupilos en mi casa.

(Canta.)

Manuela	«Ya no hará buen gracioso,
	si de esta libra,
	porque tiene sus gracias
	en capilla.»

(Salen Isabel de Gálvez, Jerónima de Olmedo y toda la compañía menos los tres locos.)

Isabel   Señor Francisco García
            escúcheme un rato atento
            y no se canse, porque
            algo apasionada vengo.
            Yo soy Isabel de Gálvez;
            fuera de Madrid, he hecho
            primeras damas, tan bien,
            como cuantas las hicieran
            antiguamente en Palencia
            y en Burgos. Mi nombre eterno
            tiene esculpido la fama
            en las láminas del tiempo,
            si piensa que, ahora, en Madrid,
            he de perder mi derecho,
            y que a Francisca Verdugo
            se ha de rendir mi ardimiento,
            mi vanidad y mi orgullo.
            Se engaña, porque, primero,
            a los celestes cambiantes,
            ese hermoso pavimento
            a quien tachona la noche
            de estrellas y de luceros,
            de sus ejes desasido
            se moverá de su centro,
            que me rinda su brío,
            su gala, su despejo.
            Y, si, acaso, sus achaques
            le dan lugar para ello,
            y no es muerta, como dicen,
            salga y verá, cuerpo a cuerpo,
            que yo sola, con mis gracias,

	competir con ella puedo.
	Mire Francisco García,
	lo que se ha de hacer en esto
	y respóndame al punto,
	porque la Gálvez
	basta que supla ausencias,
	no enfermedades.
Jerónima	Digo que tiene razón,
	pues si miramos al duelo,
	fuera de Madrid conmigo
	hace papeles primeros
	y lo he tenido por bien
	tocándome a mí el hacerlos.
	Esto, según la Gálvez,
	tiene buen pleito,
	pues le ha dado la gala
	la flor de Olmedo.
Pupilo	Señora Isabel de Gálvez,
	Francisca Verdugo es cierto
	que está muy mala y así,
	desde aquí, juro y protesto
	que haga usted primeras damas,
	pero, aunque yo venga en ello,
	hay un grande inconveniente.
Isabel	¿Cuál es?
Pupilo	¡Que mis compañeros, están locos!
Isabel	Nada tema, que yo me obligo a volverlos

                    a su antiguo ser a todos,
                    con mi voz y su instrumento.

Pupilo   Pues, ¡viva Isabel de Gálvez!

Manuela   ¡Yo lo afirmo!

Jerónima   ¡Yo lo apruebo!

(Suena en el patio un clarín.)

Pupilo   ¡Mas qué sonoro clarín
                    turba en repetidos ecos,
                    con mal formados avisos,
                    la monarquía del viento!

Todos   ¡Isabel de Gálvez viva,
                    por primera te queremos!

(Sale por el patio a caballo Francisca Verdugo con espada y sombrero de plumas.)

Francisca   ¡Esperad viles cobardes,
                    que hay mucho que hacer en eso!
                      Fementidos compañeros
                    que, con alevoso estilo,
                    para sepultarme en vida
                    tomáis por achaque el mío.
                    Ya estoy buena, ya mis males
                    cesaron, que, en mi cariño,
                    para servir a Madrid
                    son las congojas alivios.
                    ¡Aleves, falsos, traidores!
                    Escuchad, que a todos digo,

y, sin ser don Diego Ordóñez,
os reto y os desafío,
de Sol a Sol en campaña,
con este acero que ciño.
Os espero, salid todos
a combatiros conmigo
y, si el temor os detiene,
si os acobarda el peligro,
bien podéis meter socorro
de autores ultramarinos.
Traed a Castro y a Juan Pérez,
«Los conformes» y a Francisco
de la Calle, venga Acuña,
que pesa por todos cinco.
Y, si os pareciere pocos,
salgan los fuertes caudillos,
los primeros, los mejores,
que en aqueste pueblo mismo,
con tan grandes compañías,
igualmente han competido.
Reto a Rosa solimán,
aunque venga prevenido
contra el veneno que exhalo,
y el contagio que respiro
de la virtud del Romero.
Reto al mismo Osorio, al mismo
Hadrián y a todos cuantos
con sus parciales y amigos;
aunque la Quiñones sea
general nunca vencido
de sus tropas, y la Prado
rija con igual dominio
sus escuadrones, que son
poco embarazoso a mis bríos

　　　　　　　　　　un ejercito de Rosas
　　　　　　　　　　de Osorios, y Pupilos.
　　　　　　　　　　Y tú, oh Gálvez, que te pones
　　　　　　　　　　en competencias conmigo
　　　　　　　　　　y quieres con mis papeles
　　　　　　　　　llevarte el aplauso mío,
　　　　　　　　　　¡sal a campaña! que en ella
　　　　　　　　　　darte a entender solicito,
　　　　　　　　　　que yo sola en estas tablas
　　　　　　　　　　el amparo he merecido
　　　　　　　　　　de Madrid, y que te engaña
　　　　　　　　　　tu arrogancia y tu capricho.
　　　　　　　　　　¡Ea! Valientes mosqueteros,
　　　　　　　　　　mis agravios os intimo.
　　　　　　　　　　¡Ea! Honor de Capadocia
　　　　　　　　　　de ti mi venganza fío.
　　　　　　　　　　Mueran aquestos rebeldes,
　　　　　　　　　　que yo, por vuestro caudillo,
　　　　　　　　　　me pondré delante al riesgo,
　　　　　　　　　　si me aplaudís con un vítor.

Pupilo　　　　　　　Francisca Verdugo heroica,
　　　　　　　　　　¡escuchadme!

Francisca　　　　　　　　　　　¡No he de oíros!

Pupilo　　　　　　　¡Advierte!

Francisca　　　　　　　　　Es cansarte en vano.
　　　　　　　　　　............ [-i-o].

Pupilo　　　　　　　En Valladolid, me dieron
　　　　　　　　　　de tu enfermedad la nueva
　　　　　　　　　　y ésta la ocasión ha sido

	de dar a Isabel de Gálvez tus papeles.
Isabel	No me rindo a dejarlos, que con ellos, en Burgos, he merecido, Palencia y Valladolid, mil aplausos, y confío de Madrid y su grandeza lograr los favores mismos, y en señal de que sabré defenderte lo que he dicho: toma aqueste guante.
Francisca	Espera,

(Apease del caballo y sube al tablado por un palenque que ha de haber desde los taburetes.)

	que ya previene mi brío, con la razón y el acero, vengar los agravios míos.
Isabel	¡En este sitio te aguardo!
Francisca	¡En el verás tu castigo!

(Llega Francisca Verdugo con la espada en la mano e Isabel de Gálvez le saca la espada al Pupilo, riñen y él se mete en medio.)

Isabel	Este acero te responde.
Pupilo	¿Hay tan gran desatino? ¡Francisca!, ¡Isabel!, ¿Qué es esto?

Francisca	Pues, ¿cómo traidor Pupilo te opones a mi venganza?
Isabel	¿Tú, que la culpa has tenido, embarazas nuestros duelos?

(Péganle ambas.)

Pupilo	¡También han perdido el juicio!

(Canta Manuela.)

Manuela	«Tengan que esta pendencia sin duda ha sido, más que sobre su duelo, sobre el Pupilo.»
Jerónima	Cesen ya vuestras contiendas y escuchadme.
Isabel	Solo elijo hacer las primeras damas o reñir.
Pupilo	Pues no he podido obligaros, ved que espera con su amparo, y con el mismo favor y aplauso que siempre nuestra fe lo ha merecido, la gran Madrid.

(Salen los locos.)

Todos	Ese hombre
nos ha vuelto nuestros juicios
para echarnos a sus pies.
Isabel	Y yo, a sus plantas, confirmo
tu amistad y los papeles
te vuelvo.
Francisca	Yo los admito
para servir a Madrid,
y humilde le sacrifico
mi voluntad, mis deseos,
mi atención y mi albedrío.

(Canta Isabel de Gálvez.)

Isabel	«Aunque el juicio en su nombre
cobramos todos,
de Madrid los favores
nos vuelven locos.»
Pupilo	Corte insigne.
Francisca	Heroica villa.
González	Centro...
Jerónima	Esfera...
Escamilla	Albergue...
Calle	Archivo...
Pupilo	...de la hermosura y la gala,

Francisca   ...de las armas y los libros.

Escamilla   Carísimos mosqueteros,
                      que muy rectos y ministros
                      al semblante de los bancos,
                      juzgáis nuestra causa a gritos:

(Canta Manuela.)

Manuela   «Si le dais apellido
                      a la Compañía,
                      sea el de las victorias
                      no el de los silbos.»

Pupilo   Cazuela, donde mil damas,
                      de menos de veinte y cinco,
                      se hacen mujeres de llaves
                      con que nos abren a silbos.

(Canta Manuela.)

Manuela   «Dejen los llaveros
                      todos en casa,
                      que jugar esa pieza
                      no es de las damas.»

Francisca   Grada, aposentos, desvanes,
                      donde muerde sin ruido
                      la censura entre dos luces,
                      de medio ojo el capricho.

(Canta Isabel.)

Isabel	«Nadie con los desvanes
se ponga en quintas,
porque lo que censura
viene de arriba.»
Pupilo	Con la misma compañía
que salí, vuelvo a serviros.
En lugar de Malaguilla,
Melocotón y su amigo
Gaspar, todos tres bermejos,
que por eso me han vendido,
viene conmigo Gregorio,
su voz habéis aplaudido
mil veces en estas tablas.
La falta de los amigos,
por serviros, supliremos
entre todos, persuadidos
que, en vuestra grande clemencia,
hallará amparo y asilo
esta humilde compañía.
Y así postrados...
Francisca	...rendidos,
Isabel	...al sabor,
González	...a la piedad,
Escamilla	...al amparo,
Jerónima	...al patrocinio
Pupilo	...de vuestros heroicos pechos,

Francisca	...os rogamos,
Pupilo	...os pedimos,
Todos	...que perdonéis nuestras faltas y admitáis nuestros servicios.

Fin de la loa

Libros a la carta

A la carta es un servicio especializado para
empresas,
librerías,
bibliotecas,
editoriales
y centros de enseñanza;
y permite confeccionar libros que, por su formato y concepción, sirven a los propósitos más específicos de estas instituciones.
Las empresas nos encargan ediciones personalizadas para marketing editorial o para regalos institucionales. Y los interesados solicitan, a título personal, ediciones antiguas, o no disponibles en el mercado; y las acompañan con notas y comentarios críticos.
Las ediciones tienen como apoyo un libro de estilo con todo tipo de referencias sobre los criterios de tratamiento tipográfico aplicados a nuestros libros que puede ser consultado en Linkgua-ediciones.com.
Linkgua edita por encargo diferentes versiones de una misma obra con distintos tratamientos ortotipográficos (actualizaciones de carácter divulgativo de un clásico, o versiones estrictamente fieles a la edición original de referencia).
Este servicio de ediciones a la carta le permitirá, si usted se dedica a la enseñanza, tener una forma de hacer pública su interpretación de un texto y, sobre una versión digitalizada «base», usted podrá introducir interpretaciones del texto fuente. Es un tópico que los profesores denuncien en clase los desmanes de una edición, o vayan comentando errores de interpretación de un texto y esta es una solución útil a esa necesidad del mundo académico.
Asimismo publicamos de manera sistemática, en un mismo catálogo, tesis doctorales y actas de congresos académicos, que son distribuidas a través de nuestra Web.
El servicio de «libros a la carta» funciona de dos formas.
1. Tenemos un fondo de libros digitalizados que usted puede personalizar en tiradas de al menos cinco ejemplares. Estas personalizaciones pueden

ser de todo tipo: añadir notas de clase para uso de un grupo de estudiantes, introducir logos corporativos para uso con fines de marketing empresarial, etc. etc.

2. Buscamos libros descatalogados de otras editoriales y los reeditamos en tiradas cortas a petición de un cliente.

www.ingramcontent.com/pod-product-compliance
Lightning Source LLC
Chambersburg PA
CBHW022124040426
42450CB00006B/834